bibliothèque

petits lapins

mes premières
devinettes

Avec la collaboration éditoriale d'Evelyne Mathiaud

ILLUSTRATIONS DE FRÉDÉRIC GUINVARCH

FERNAND NATHAN

Que deviendra la chenille ?
Avec quoi utilises-tu
ta brosse à dents ?
Où vit la girafe ?
A chaque page,
tu découvres quatre dessins ;
le premier appelle une question,
facile à comprendre,
et trois réponses te sont proposées
à l'appui des illustrations.
Regarde attentivement, et réfléchis
bien... Tu trouveras
sans aucun doute la solution !

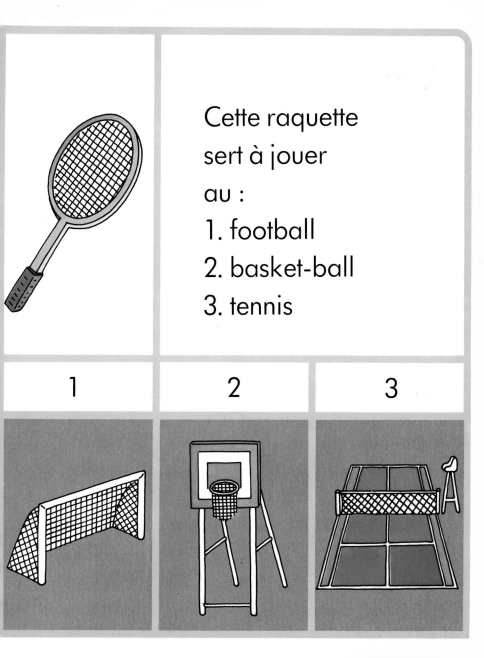

Cette raquette
sert à jouer
au :
1. football
2. basket-ball
3. tennis

1

2

3

Cet œuf en chocolat
te fait penser :
1. au muguet du 1er mai
2. aux cloches de Pâques
3. au sapin de Noël

| 1 | 2 | 3 |

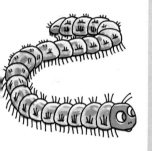

La chenille
deviendra :
1. un papillon
2. une sauterelle
3. une coccinelle

| 1 | 2 | 3 |

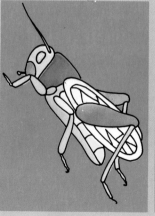

Tu utilises
ta brosse à dents
avec :
1. du savon
2. de la confiture
3. du dentifrice

1	2	3

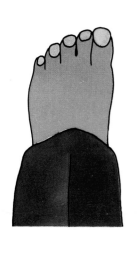

Ce pied
peut se glisser
dans :
la chaussure n° 1
la chaussure n° 2
la chaussure n° 3

1

2

3

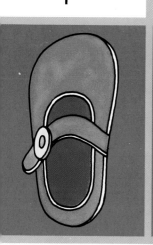

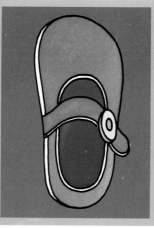

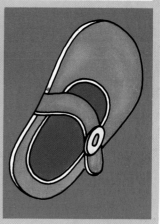

La girafe
vit :
1. en Afrique
2. au pôle Nord
3. dans la montagne

| 1 | 2 | 3 |

La cigogne
fait son nid :
1. dans un arbre
2. sur une cheminée
3. sous un toit

1

2

3

L'enfant
qui ouvre
la porte est :
le personnage n° 1
le personnage n° 2
le personnage n° 3

1	2	3
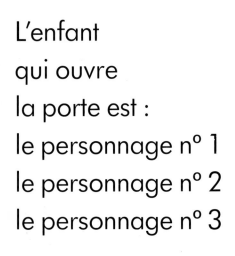		

Ces pattes
appartiennent :
1. au chat
2. au canard
3. à l'escargot

1 2 3

Solution
des devinettes :

Page 5 : dessin 3
Page 6 : dessin 2
Page 7 : dessin 1
Page 8 : dessin 3
Page 9 : dessin 1
Page 10 : dessin 1
Page 11 : dessin 2
Page 12 : dessin 2
Page 13 : dessin 1